SCIENCE ET RELIGION
Études pour le temps présent

ŒUVRES SOCIALES ET OUVRIÈRES EN ALLEMAGNE

par H. CETTY

Deuxième édition

PARIS
LIBRAIRIE BLOUD ET Cie
4, RUE MADAME, ET RUE DE RENNES, 59
1901

SCIENCE ET RELIGION

Études pour le temps présent. — Prix : 0 fr. 60 le vol.

— Certitudes scientifiques et certitudes philosophiques, par le R. P. de la Barre, S. J., prof. à l'Institut catholique de Paris. 1 vol.

— *Du même auteur :* L'Ordre de la nature et le Miracle. 1 vol.

— L'Ame de l'homme, par J. Guibert, supérieur du séminaire de l'Institut catholique de Paris. 1 vol.

— Faut-il une religion ? par l'abbé Guyot. 1 vol.

— *Du même auteur :* Pourquoi y a-t-il des hommes qui ne professent aucune religion ? 1 vol.

— Nécessité scientifique de l'existence de Dieu, par P. Courbet. 1 vol.

— *Du même auteur :* Jésus-Christ est Dieu. 1 vol.

id. Convenance scientifique de l'Incarnation. 1 vol.

— Études sur la pluralité des mondes habités et le dogme de l'Incarnation, par le R. P. Ortolan.

I. — *L'Epanouissement de la vie organique à travers les plaines de l'infini.* 1 vol.

II. — *Soleils et terres célestes.* 1 vol.

III. — *Les Humanités astrales et l'Incarnation.* 1 vol.

— *Du même auteur :* La Fausse Science contemporaine et les Mystères d'Outre-tombe. 1 vol.

id. Vie et Matière ou Matérialisme et spiritualisme en présence de la Cristallogénie. 1 vol.

id. Matérialistes et Musiciens. 1 vol.

— L'Au delà ou la Vie future d'après la foi et la science, par l'abbé J. Laxenaire. 1 vol.

— Le Mystère de l'Eucharistie. — Aperçu scientifique, par l'abbé Constant. 1 vol.

— *Du même auteur :* Le Mal, sa nature, son origine, sa réparation. 1 vol.

— L'Eglise catholique et les Protestants, par G. Romain. 1 vol.

— *Du même auteur :* L'Inquisition, son rôle religieux, politique et social. 1 vol.

— Mahomet et son œuvre, par I. L. Gondal, professeur d'apologétique et d'histoire au séminaire Saint-Sulpice. 1 vol.

— *Du même auteur :* L'Eglise Russe. 1 vol.

— Christianisme et Bouddhisme (*Etudes orientales*), par l'abbé Thomas, vicaire général de Verdun. 2 vol.

— *Du même auteur :* Dieu auteur de la vie. 1 vol.

id. La Fin du monde d'après la Foi. 1 vol.

— Où en est l'hypnotisme, son histoire, sa nature et ses dangers, par A. Jeanniard du Dot, auteur du *Spiritisme dévoilé.* 1 vol.

— *Du même auteur :* Où en est le Spiritisme. 1 vol.

id. L'Hypnotisme et la science catholique. 1 vol.

id. L'Hypnotisme transcendant en face de la philosophie chrétienne. 1 vol.

SCIENCE ET RELIGION
Études pour le temps présent

ŒUVRES SOCIALES ET OUVRIÈRES EN ALLEMAGNE

par H. CETTY

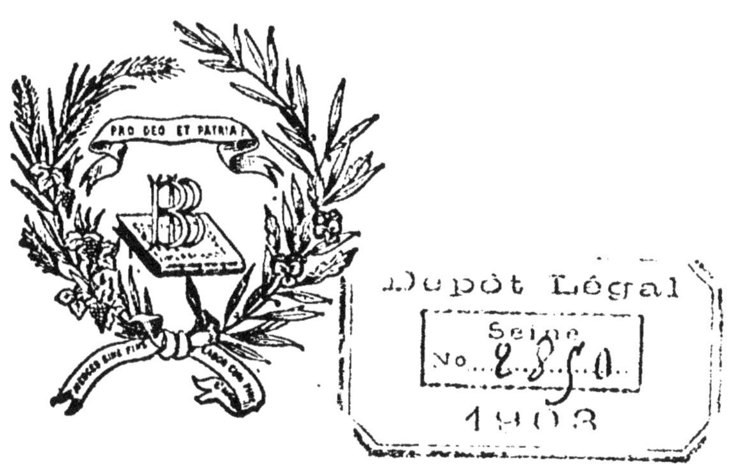

PARIS
LIBRAIRIE BLOUD ET Cie
4, RUE MADAME, ET RUE DE RENNES, 59
1904

ŒUVRES SOCIALES ET OUVRIÈRES EN ALLEMAGNE

Objet de cette étude.

L'étude que nous offrons au public porte un cachet particulier. Elle ne veut ni exposer une doctrine sociale, ni défendre une thèse économique. Elle désire laisser à chacun ses préférences et ses prédilections, se renfermant dans un exposé de faits économiques et d'œuvres sociales propres à frapper l'esprit de l'économiste et de l'homme politique tout ensemble.

Depuis quelques années, l'Allemagne attire l'attention du monde entier. Le prodigieux développement de son industrie, la puissante extension de son commerce, le progrès incessant de ses forces maritimes, provoquent d'intéressantes considérations et poussent à des conclusions d'ordre économique de plus en plus pressantes.

Il est plus facile de constater le fait que d'en déterminer la cause. Les questions de ce genre, les études comparatives, en général, commandent une grande réserve. Le génie de la nation, les traditions du pays, les qualités du sol natal, les diversifient à l'infini, et ce serait manquer aux règles d'une saine logique et d'une critique véritable que de ne pas en tenir compte. La France et l'Allemagne, sous bien des rapports, tout en poursuivant le même but, doivent obéir à des lois différentes. Il était de notre devoir de préciser ce point avant d'écrire les pages qui suivent.

Un fait s'affirme avec l'évidence d'un axiome. Dans le magnifique épanouissement des forces vitales de l'Allemagne, le parti catholique occupe une place d'honneur. Ses adversaires sont obligés d'en convenir et de reconnaître de plus en plus que cette influence grandit de jour en jour. En France, au contraire, les catholiques, refoulés à l'arrière-plan, se voient condamnés à assister impuissants à la ruine des institutions, qui, durant des siècles, ont illustré son nom du plus vif éclat.

A quoi attribuer et ces incessantes défaites et ces continuels triomphes? Ici, comme là, la situation doit être la résultante de facteurs certains et déterminés. On les a maintes fois relevés. L'objet de cette étude est de mettre en lumière un de ces facteurs. Les succès des catholiques, en Allemagne, sont dus, en grande partie, à leur esprit d'initiative, à leur activité sociale, à leur organisation politique. Ils ont partout pris les devants pour créer des œuvres vraiment populaires, des œuvres pratiques, groupant dans un même esprit de solidarité des milliers de travailleurs, livrés jusque là à un stérile et désespérant individualisme. De cés œuvres sont sortis ces bataillons admirablement disciplinés, ardents dans la lutte, inébranlables dans le combat, rêvant toujours de nouveaux triomphes.

Quelles sont ces œuvres? Nous avons choisi les plus intéressantes et les plus fécondes pour les encadrer dans un tableau d'ensemble et les présenter à l'attention des hommes vraiment soucieux du relèvement de la patrie. Plein de confiance dans son avenir, nous voudrions ainsi travailler à la restauration de la France chrétienne, apporter notre pierre et laisser au patriotisme éclairé d'autres le soin de la poser au bon endroit.

I

Association des compagnons. Gesellenverein.

C'est une loi de la Providence : Dieu se plaît à se servir des petits et des humbles pour en faire les instruments de sa divine miséricorde. Cette loi est gravée en lettres d'or dans l'histoire du mouvement catholique en Allemagne durant le siècle qui vient de s'écouler. Les pages qui suivent en sont la vivante démonstration : nous remontons à l'année 1846, pour nous asseoir au berceau des cercles catholiques.

Nous sommes à Elberfeld, autrefois ville de modeste apparence, aujourd'hui l'un des centres industriels les plus populeux et les plus influents de l'empire. Un prêtre intelligent et dévoué, M. Steenaerts, un instituteur selon le cœur de Dieu, M. Breuer, groupent autour d'eux un certain nombre de jeunes gens, pour les soustraire à l'auberge et à la taverne : ils sont au nombre de 61 le 15 novembre 1846, de 102 le 29 avril de l'année suivante. Les réunions se tiennent dans un pauvre réduit, mais grand est le bonheur qui y règne, *parva domus, magna quies,* comme on disait autrefois. On se voit presque chaque soir ; on assiste à des entretiens familiers, à des conférences populaires ; on s'occupe de chant et de musique ; on apprend à lire, à écrire, à calculer ; on se donne de chaudes poignées de mains, se promettant de se rencontrer le lendemain à l'église, soit à une procession solennelle, soit à une communion générale ; on visite les malades, on apporte son obole : bref, c'est la réorganisation des institutions du moyen âge, la vie du foyer domestique, la maison de famille reconstituée.

Parmi ces élus de Dieu, travaillait, au second rang encore, l'abbé Kolping avec les indomptables énergies d'une âme vraiment sacerdotale, avec la vivante charité d'un cœur d'apôtre. Né à Kerpen, près de Cologne, en 1813, il devient prêtre en 1845, à l'âge de 32 ans. Fils de laboureurs, il n'a pas de plus grandes visées pour son avenir ; il songe à continuer les traditions de famille, à gagner honnêtement le pain de chaque jour, à fonder, comme cordonnier, un modeste foyer domestique. Il entreprend son tour d'Allemagne, et après de longues et de mouvementées pérégrinations, il arrive à Cologne. La grâce l'y attendait. A 23 ans, il entend l'appel de Dieu, et prêt à tout pour y répondre, il va s'asseoir, sans fausse honte et sans respect humain, sur les bancs de l'école. Après trois ans, il quitte le gymnase après de brillantes études pour aller à l'Université pour les sciences théologiques.

Il en sort transformé, l'âme remplie de trésors d'intelligence et d'amour que les travaux et les labeurs de près de vingt années ne sauront épuiser. Elberfeld reçoit les prémices de son sacerdoce. Au contact des ouvriers, sa vocation se révèle : il se rappelle les années de son apprentissage, les dangers qu'il a courus dans les grandes villes, l'abandon de ses compagnons qui vont, de ville en ville, offrir leur travail et apprendre leur métier, la ruine et la perte de tant de milliers de jeunes ouvriers, livrés sans pitié et sans merci à toutes les sollicitations et à toutes les séductions. Aussi bien, au milieu des jeunes gens du cercle, son âme s'épanouit et son cœur déborde : le jour où il est appelé à prendre la succession de l'abbé Steenaerts, il trouve l'orientation définitive de sa vie : il sera le *père des compagnons par la grâce de Dieu : « Gesellenvater durch Gottes Gnaden. »*

La révolution de 1848 donne plus de relief à son œuvre. Elberfeld a eu sa petite révolution et ses barricades. Durant la tourmente, le cercle tient bon, comme le roc de granit au milieu d'une mer en furie, veillant sur ses membres, défendant leurs intérêts, et préparant, en toute tranquillité, les statuts de l'association. Le 9 octobre de la même année, les statuts parurent accompagnés de quelques pages de Kolping, qui marquent l'homme tout entier. La même année encore, il écrivit une brochure : *Gesellenverein*, « *Association des jeunes compagnons*, dédiée à tous ceux qui désirent sincèrement le bien du peuple. »

C'était la semence jetée sur la terre de la patrie allemande. De plus en plus, Kolping entendait la voix de Dieu lui crier : « Lève-toi, sors de ta paroisse, va porter partout ta parole ; en avant avec courage et confiance ; c'est ta mission, n'y deviens pas infidèle. » Comment résister à cette pression d'En haut ? Il court à Cologne rendre compte à l'archevêque de l'état de son âme et solliciter un poste dans la métropole. Le 15 mars 1849 déjà, Kolping reçoit la nomination qu'il ambitionnait. C'est une date à retenir. C'est la première année d'une ère nouvelle pour le monde du travail en Allemagne.

Kolping, comme tous les hommes que Dieu suscite dans son Église, avait foi en l'avenir. Il ne connaîtra ni les faiblesses, ni les défaillances. Dès la première heure, il marque clairement l'étendue de son entreprise. Il évite d'éparpiller ses forces ; il ne s'adresse ni aux patrons, ni aux apprentis, ni aux ouvriers de fabrique. Il ne veut voir dans son œuvre que de vrais compagnons, âgés au moins de 18 ans. Ces compagnons, les patrons du lendemain, devaient former, selon sa devise, *le sol d'or de la société*.

Son association, sans être une confrérie ou une congrégation, est avant tout une œuvre morale et religieuse. Les compagnons assistent, à l'église, à un office particulier ; ils y prient en commun, chantent leurs cantiques, communient ensemble, heureux de se grouper devant l'autel, aux jours de fêtes, comme, les jours de la semaine, à la maison de l'œuvre. Kolping les habitue à se diriger eux-mêmes, il veut en faire des hommes ; les compagnons choisissent les membres de leur comité, prennent part aux délibérations, dirigent personnellement les caisses de maladie, d'épargne et de décès. La maison de famille était reconstituée : les parents apprenaient avec joie les résultats d'une innovation si longtemps désirée.

Comme toujours le bien éveille le bien ; une âme sainte rencontre d'ordinaire des âmes pieuses et charitables qui la secondent. Kolping en fit la douce expérience. Grâce à des secours providentiels, il ouvrait en peu de temps une vaste demeure, où il installait *l'Association des jeunes compagnons*. Pour y entrer et y rester, il fallait être bon et vrai chrétien. Les statuts le disaient clairement au jeune travailleur.

« Un bon membre de l'association doit être un excellent chrétien et remplir fidèlement ses devoirs religieux. Tu dois confesser courageusement ta croyance et suivre ses préceptes. Tu as besoin de la religion dans la vie et à la mort... Sanctifie le dimanche et les jours de fête, ainsi le veut la loi divine. La meilleure profession de foi est une vie conforme aux préceptes du décalogue. Assiste régulièrement aux offices de l'Association pour t'édifier toi-même et donner le bon exemple à tes frères. L'auberge te procurera des amis qui t'aideront à dépenser ton argent et nullement à en gagner. L'Association sera pour toi une véritable famille. »

Une épreuve de trois mois précède l'admission. Kolping se montre sévère ; il exclut les indignes sans pitié : le mensonge formel, l'abus de confiance, le chantage, sont des cas d'exclusion. Les compagnons doivent être francs, honnêtes, laborieux, fiers de l'honneur professionnel, d'un caractère ouvert et jovial, d'une camaraderie simple et affectueuse, soucieux du bon renom de leur cercle.

Ces vertus et ces qualités sont l'objet de ses entretiens et de ses discours. Il le répète en cent endroits, sous mille manières, toujours actuel et original, pour communiquer à d'autres son enthousiaste ardeur. Tour à tour, Bonn, Düsseldorf, Aix-la-Chapelle, Essen, Crefeld, Gladbach, Coblence, Munster, Mayence, le voient et l'entendent. Chaque voyage, chaque discours, marque une fondation nouvelle. Déjà en 1850, le 1er mai, la fédération des associations du Rhin groupe en un seul faisceau les cercles des provinces rhénanes, avec des statuts communs, qui sont restés, avec de légères modifications, la grande charte de l'œuvre.

Les limites de la patrie lui semblent trop étroites : il vole à Vienne, à Munich, à Fribourg, à Trieste, à Venise, prêchant partout la même croisade avec le même succès. Quatre années après la fondation de la maison de Cologne, les provinces rhénanes comptent près de 300 fondations. Le grain de senevé est devenu un arbre gigantesque, abritant à l'ombre de ses puissants rameaux des milliers de jeunes travailleurs.

Il n'y a pas de ville, tant soit peu importante, en Allemagne, qui ne connaisse *le père des compagnons*. Entre ces différentes associations règne l'esprit de fraternité ; elles sont hospitalières aux jeunes compagnons que le besoin de la vie, le goût des voyages, l'ambition d'apprendre tout ce qui est du métier ont jetés sur les grands chemins. Désormais, ils parcourent le pays sans sortir de la famille professionnelle et chrétienne. Les frères se reconnaissent au salut de l'association : « Que Dieu bénisse le métier honnête ! » auquel ils répondent : « Oui, que Dieu le bénisse. »

La moisson était mûre, les gerbes étaient abondantes : Dieu appela à lui son fidèle serviteur. Kolping mourut le 4 décembre 1865, et fut enterré, selon ses désirs, dans l'église des Minorites, devant l'autel de saint Joseph, sous une pierre tombale portant ces mots : « Ici repose Adolphe Kolping, né à Kerpen, le 8 décembre 1813, mort à Cologne, le 4 décembre 1865. Il vous demande l'aumône de vos prières. »

Mais l'œuvre était fondée, l'essor était donné, Kolping avait laissé derrière lui une élite de vaillants, capables de continuer et de développer ces associations si belles et si fécondes. Dès 1888, le *carnet de voyage* des cercles consignait 767 associations parfaitement organisées. Le diocèse de Cologne en comptait 52, Trèves 30, Munster 51, Paderborn 40, Breslau 106. Le royaume de Saxe possédait 10 créations, le grand duché de Bade 39, le Wurtemberg 29 et la Bavière se montrait justement fière de sa splendide couronne, composée de 152 cercles pleins de sève et de vie. La Suisse, la Hollande, la Belgique, l'Angleterre, l'Amérique, l'Égypte même, s'associaient à ce magnifique mouvement de restauration sociale. Près de 80.000 compagnons bénissaient Dieu de leur avoir donné en Kolping *un père*, à qui ils devaient une jeunesse croyante et pure, un avenir d'honneur et de travail.

Le mouvement ne s'est pas ralenti depuis ; il ne pouvait l'être, puisque, avec l'avènement du socialisme, l'organisation de toutes les forces catholiques est devenue une impérieuse nécessité. Les associations ont augmenté dans tous les diocèses dans de consolantes proportions. Le clergé a compris qu'il y a là un devoir social, et il a su le remplir avec une ardeur et un succès dignes d'éloges.

Voici, pour le diocèse de Cologne, le bilan de l'œuvre pour l'année 1903. On compte en ce moment dans le diocèse 71 associations, soit une augmentation de 19 depuis 1888. Il y a eu, l'année dernière, deux nouvelles créations. Le chiffre des membres suit la même progression ; il s'élève à 7.887 pour les membres actifs et à 11.362 pour les membres honoraires, soit une somme totale de 19.249. C'est un petit corps d'armée disséminé sur tous les points du territoire. Ce corps d'armée se compose de 3.512 compagnons du pays et de 4.315 compagnons de l'étranger. Rien ne marque mieux la nécessité de l'œuvre de Kolping. 320 membres sont sortis librement de l'association. 546 en ont été exclus. Les cas d'exclusion, portés dans les statuts par Kolping, sont rigoureusement maintenus. Les membres indignes ou dangereux sont impitoyablement écartés. Les associations ne peuvent vivre qu'à cette condition.

Trente-quatre cercles seulement possèdent leur local ; plus de la moitié sont réduits à vivre et à travailler sous un toit qui ne leur appartient pas. La valeur de ces maisons représente un capital de 5 millions et demi, grevé de plus de 2 millions de dettes. Dans la province de la riche métropole, la question d'argent est donc loin d'être résolue, et cependant, on n'a pas hésité à mettre la main à l'œuvre

Les communions générales sont bien fréquentées : les trois quarts, souvent les quatre cinquièmes des membres ont rempli leur devoir. C'est un résultat qui console de bien des fatigues. 11 associations se sont groupées en sections professionnelles au plus grand profit de leurs membres. L'organisation professionnelle est à l'ordre du jour dans toute l'Allemagne. Nous en parlerons dans cette étude. 45 associations ont créé des écoles du soir avec des cours d'arithmétique, de comptabilité, d'affaires commerciales. Les cours sont assez bien fréquentés. Le journal de Kolping compte 5.664 abonnés et les bibliothèques comptent 11.603 livres de lecture. 27 associations ont des caisses de maladie, 10 des caisses de décès, 8 des caisses de militaires ; 43 possèdent des caisses d'épargne avec un dépôt pour l'année de près d'un million.

Il y a donc, à l'heure actuelle, près de 120.000 compagnons groupés dans l'association. Depuis 1847, des centaines de mille se sont abrités dans cette maison de famille. Ces centaines de mille sont devenus des patrons, des chefs d'atelier, des artisans vivant de leur propre travail. L'année dernière, dans le seul diocèse de Cologne, 268 compagnons sont sortis des rangs pour ouvrir eux-mêmes un atelier et fonder un foyer domestique. L'œuvre a une portée sociale et politique qui découle de la nature même de l'institution. L'esprit de solidarité, les traditions chrétiennes, le dévouement à la chose publique, la défense des intérêts professionnels, cultivés dans l'association, sont sortis de cette enceinte trop étroite, pour revendiquer une place d'honneur dans les revendications sociales et religieuses. Les compagnons, devenus des hommes et des électeurs, savent se souvenir et accorder leur confiance à ceux qui ont bien mérité de l'Église, de la Patrie et du monde du travail.

La parole de Léon XIII, *aller au peuple,* a été admirablement mise en pratique depuis plus d'un demi-siècle. Le clergé stimule de toute manière *l'industrieuse activité* des ouvriers ; l'action populaire catholique est pleinement ce qu'elle doit être. Son but est moins de faire du bien aux classes laborieuses que de les aider à s'organiser elles-mêmes. La grande aumône faite aux humbles et aux petits est de leur apprendre à s'élever et à monter pour arriver à cette situation, à ce bien-être que demande pour eux l'Église, d'accord avec la nature humaine et les préceptes de l'Évangile.

II

Cercles d'ouvriers.
Arbeitervereine.

L'organisation du compagnonnage par l'inoubliable Kolping constituait l'une des plus belles manifestations d'initiative catholique et de foi chrétienne. Un large sillon avait été creusé dans la terre allemande, et de ce sillon, fécondé par d'incessants labeurs, avait surgi une abondante moisson. Mais l'œuvre était trop restreinte ; elle s'adressait uniquement aux compagnons et laissait en dehors de son action l'usine et la fabrique, la profession et le métier, la motte de terre et le coteau planté de vignes. D'immenses légions de travailleurs restaient en dehors du mouvement, d'autant plus exposées qu'elles se développaient contrairement aux lois d'une saine économie sociale.

L'industrie, par suite d'une extension presque inouie dans les annales de l'histoire, inquiétait également l'étranger et l'intérieur, ici par les premiers grondements d'une révolution sociale, là par les conséquences d'une formidable concurrence. La persécution religieuse, le *Kulturkampf*, sévissait avec une violence et une cruauté qui rappelaient les plus mauvais jours de l'Église ; et sous cette double poussée, le socialisme était sorti de ses retranchements, attaquant de front les croyances religieuses, les traditions de la famille et le patrimoine sacré de la Patrie. Les vagues montaient toujours plus haut pour arracher le cri d'alarme aux plus optimistes et convoquer à bord toutes les bonnes volontés.

L'heure de Dieu avait sonné ; le terrain était préparé ; l'œuvre des cercles d'ouvriers apparaissait comme l'arc-en-ciel illuminant d'un rayon d'espérance un ciel chargé de sombres nuages. L'évêque Ketteler avait déjà, dans son rapport sur la sollicitude de l'Église pour les ouvriers de fabrique, indiqué les cercles comme un moyen très efficace pour le relèvement des classes laborieuses, et dans la revue des *Christlich socialen Blatter*, on avait tracé la ligne de conduite à tenir pour la création et la conduite de ces œuvres dans les centres industriels. Le premier essai avait été tenté avec succès dans les bassins houillers de la Ruhr et de la Saare, où près de 30.000 travailleurs s'étaient groupés dans une puissante corporation. Dans le district d'Essen, l'association des mineurs, fondée dans le même temps, était arrivée rapidement à un développement considérable : son influence porta même ombrage au gouvernement.

Cependant l'action ne devint générale que le jour où Léon XIII, dans son encyclique *Humanum genus,* appela l'attention du monde chrétien sur les cercles et les corporations.

La trente-unième assemblée générale des catholiques allemands à Ambert posa nettement la question, et prit, le 31 juillet 1884, les résolutions suivantes :

« La 31e assemblée générale des catholiques allemands, se conformant à l'encyclique du Saint-Père *Humanum genus,* recommande la fondation de cercles d'ouvriers comme le moyen le plus efficace pour combattre les tendances antireligieuses et antimorales du siècle.

« La 31e assemblée générale affirme que la foi catholique et les mœurs chrétiennes sont aussi la base et le fondement nécessaire pour le relèvement social et économique de la classe ouvrière. »

L'assemblée générale traça aussitôt les grandes lignes de l'organisation des cercles d'ouvriers. Nous les reproduisons à titre de document.

A. *Organisation.*

1. Les ouvriers jusqu'à 18 ans seront groupés dans des associations particulières.
2. A la tête du cercle se tient un prêtre délégué par l'autorité ecclésiastique. Un comité d'honneur, pris parmi les membres d'honneur, et un comité effectif l'assistent de leurs conseils.

B. *But.*

1. Protéger et promouvoir l'esprit religieux et les mœurs chrétiennes par un inébranlable attachement à l'Église.
2. Promouvoir les vertus d'état : amour du travail, fidélité, modération, esprit d'économie, vie de famille, conscience professionnelle.
3. Camaraderie de bon aloi et conversation édifiante.

4. Promouvoir la formation intellectuelle et professionnelle.

La politique est exclue.

C. *Moyens.*

1. Communions générales régulières, participation aux fêtes de l'Église, choix d'un saint comme patron de l'œuvre.

2. Réunions régulières avec conférences sur des sujets religieux et autres.

3. Création d'une bibliothèque, cabinet de lecture.

4. Œuvres récréatives : chant, déclamations et représentations, jeux, excursions, fêtes publiques, avec participation des familles, des bienfaiteurs et des amis du cercle.

5. Cours d'adultes avec enseignement professionnel.

6. Caisse centrale pour les dépôts des caisses d'épargne.

7. Esprit de solidarité entre les membres par l'exercice de la charité : visite aux malades, etc.

Le cadre était complet, le programme ne laissait rien à désirer. Restait à l'appliquer. L'abbé Hitze le disait dans son rapport avec infiniment de raison : « Si le socialisme avait le front de répéter, dans les réunions publiques, les blasphèmes et les impiétés que l'on rencontre chaque jour dans ses organes, ce serait avec dégoût que notre peuple chrétien s'éloignerait de lui. S'il nous était donné de prendre position contre lui dans les réunions publiques, il serait condamné à l'isolement en peu de temps. Mais voici précisément le côté dangereux de la situation : les prophètes de l'incrédulité en blouse de travailleur vont et viennent à la fabrique par milliers ; ils travaillent à la même machine avec nos ouvriers chrétiens ; ils prennent le même chemin pour rentrer, ils se retrouvent à la même auberge, assis à la même table pour prendre la même pension, prêts à semer la défiance et l'impiété sous mille façons différentes ; et nous, hélas ! nous ne pouvons rien contre un tel état de choses. A cette organisation socialiste, il faut opposer une organisation chrétienne, créer une armée d'ouvriers chrétiens, bien exercée, bien disciplinée, pour pénétrer avec les socialistes à l'atelier et à la fabrique. Organisons nos ouvriers avant qu'il ne soit trop tard ; groupons-les dans des cercles chrétiens avant que l'ennemi ne soit dans nos murs. »

L'année suivante, cet appel était adressé à l'épiscopat allemand, et les évêques, comme à l'envi, entrent dans la lice pour combattre le bon combat.

Le prince-évêque de Breslau et l'évêque d'Hildesheim en font l'objet de lettres pastorales ; les archevêques de Fribourg et de Cologne, l'évêque de Trèves recommandent chaudement la création de cercles. Les associations, écrit le dernier, sont une nécessité de notre temps ; nous devons fonder des cercles ; si nous ne le faisons, l'enfer le fera. Le langage des autres évêques n'est pas moins énergique, et leurs actes répondent à leurs paroles.

L'évêque de Munster nomme un président diocésain chargé d'ériger partout des cercles. Les archevêques de Bamberg, de Fribourg, de Munich provoquent directement la création de cercles ouvriers. La plupart font distribuer à leurs prêtres la brochure de M. l'abbé Hitze. L'évêque de Limbourg veut que la question soit traitée dans les conférences ecclésiastiques. A Cologne, l'archevêque nomme un comité diocésain chargé exclusivement des cercles. Ce comité, composé de neuf prêtres, curés et vicaires du diocèse, a pour mission de susciter partout des cercles, de les soutenir, de fournir aux présidents tous les renseignements désirables, de publier une correspondance où ils trouvent tous les documents qui peuvent leur être utiles. En 1890, les évêques de Prusse, rassemblés à Fulda, près du tombeau de saint Boniface, recommandent instamment la fondation de cercles catholiques ouvriers. L'année suivante, la consécration suprême vient de Rome, de Léon XIII, dans son encyclique *Rerum novarum*.

« Le dernier siècle dit-il, a détruit, sans rien leur substituer, les anciennes corporations qui étaient pour les ouvriers une protection ; tout principe et tout sentiment religieux ont disparu des lois et des institutions publiques, et ainsi, peu à peu, les travailleurs isolés et sans défense se sont vus à la merci de maîtres inhumains et à la cupidité d'une concurrence effrénée. Les cercles catholiques d'ouvriers sont une nouvelle forme des anciennes corporations. Dans les siècles passés, ces corporations ont déployé une féconde activité. Ce ne sont pas seulement les membres, mais encore le métier et l'industrie qui en ont retiré de grands avantages. Mais, aujourd'hui, les cercles ouvriers ne peuvent plus être reconstitués dans leur forme primitive, puisque les coutumes nouvelles, le progrès de l'éducation scientifique, les besoins plus pressants de la vie, créent de nouvelles obligations. Il est nécessaire d'adapter le régime corporatif aux nécessités du temps, tout en conservant l'esprit qui l'animait autrefois, Les cercles catholiques d'ouvriers doivent reposer sur une base religieuse. »

Déjà pour les noces d'or sacerdotales de Léon XIII, les cercles catholiques avaient envoyé au Saint-Père un magnifique album avec le nom des cercles d'Allemagne. Sur la première page, figurait l'association *Arbeiterwohl*. Le Père Wolf, bénédictin d'Emaüs, près de Prague, y avait consacré son talent d'artiste pour composer une véritable œuvre d'art. On y lisait, splendidement incrustées, les inscriptions suivantes : *Jesus venit Nazareth et erat subditus illis.* — *Laborem manuum mearum respexit Deus*, et *Electi mei non laborant frustra.* Les feuilles 2, 3, 4 comprenaient les 75 cercles qui avaient envoyé leur adhésion. Le plus ancien remontait à 1881 ; il avait été fondé à Rheine. Le cercle de Breslau comptait 3.000 membres. La feuille 5 donnait le nom des 17 cercles d'ouvriers mineurs ; la feuille 6 renfermait les cercles de jeunes gens et la feuille 7 consignait les cercles d'ouvrières.

La phalange sacrée était donc formée ; elle marchait déjà résolument, la croix en tête, contre les socialistes pour commencer une lutte dont personne ne peut prévoir la fin. Les premiers assauts ont eu lieu dans les centres industriels avec des succès inespérés. Dès 1896, on comptait à peu près 800 cercles avec plus de 150.000 ouvriers rangés sous leurs bannières.

Sur ces centaines de cercles, le royaume de Prusse arrivait bon premier avec 392 associations et 79.300 membres. Dans ce nombre, le diocèse de Cologne figurait pour 142 cercles avec 36.300 membres, le diocèse de Trèves pour 78 cercles avec 11.500 membres, le diocèse de Munster pour 63 cercles avec 6.700 membres, la province d'Arnsberg pour 96 cercles avec 20.500 membres. Durant ces six dernières années, ces chiffres, déjà si beaux et si consolants, ont sensiblement augmenté, obéissant à une loi de progrès non interrompu. Dans l'Allemagne du Sud, le mouvement est encore plus accentué : le royaume de Bavière de 122 cercles et 26.000 membres, en 1896, est monté à 170 cercles et

29.467 membres, en 1902 ; le Wurtemberg de 29 cercles et 4.400 membres, en 1896, à 73 et 10.557 membres, en 1902 ; le grand-duché de Bade de 56 cercles et 7.600 membres, en 1896, à 117 cercles et 16.919 membres, en 1902. Quelle splendide pléïade d'œuvres versant sur de nombreuses provinces des flots de lumière et de vie !

Dès les premières années, la fédération, le groupement entre les différents cercles, s'imposait comme une condition *sine quâ non* de prospérité. En 1893, on tenta le premier essai à Munich, pour la Bavière ; l'année suivante, le duché de Bade entrait dans la même voie, suivi de près par la Prusse orientale et les provinces rhénanes. Voici quelques chiffres sur la rapide extension de cette fédération des cercles : elle comptait, pour la Bavière, en 1894, 56 cercles et 2.350 membres, en 1895, 92 cercles et 22.200 membres, en 1896, 181 cercles et 34.807 membres, en 1897, 221 cercles et 40.200 membres. Et ce mouvement ascensionnel continue avec la même étonnante rapidité, entraînant à sa suite des milliers de travailleurs, heureux de s'associer aux ouvriers de la première heure.

Règle générale, ces cercles d'ouvriers sont sous la direction d'un prêtre ; dans la plupart des diocèses, il y a un prêtre directeur général avec un comité diocésain. Les prêtres directeurs ont leurs réunions annuelles et les cercles leurs réunions de délégués. Les prêtres directeurs possèdent une revue spéciale, admirablement rédigée, toute de faits et d'observations, de statistiques, de conseils pratiques, de précieux renseignements. Ces réunions offrent le plus vif intérêt; elles sont devenues l'un des facteurs les plus puissants de l'organisation.

De ces délibérations sont sorties la plupart des œuvres économiques et sociales. Ces œuvres sont variées à l'infini, embrassant la vie de l'ouvrier dans ses diverses manifestations avec la noble ambition de la rendre plus douce, plus supportable, plus digne du Dieu qui s'est fait l'ami et le compagnon de l'artisan. Caisses de malades, caisses de secours, caisse de décès, sociétés coopératives, bibliothèques, secrétariats populaires, cours du soir, conférences, formation d'orateurs ouvriers, associations professionnelles, il n'est aucune légitime aspiration qui ne soit satisfaite, aucune juste revendication dont on ne tienne compte. Vie religieuse, vie économique, vie intellectuelle, vie sociale, vie professionnelle, vie familiale, c'est le plein et entier épanouissement de la charité bien comprise et de la fraternité bien appliquée.

Depuis deux ans, ces légions d'ouvriers, si bien organisées, accourent aux assemblées générales des catholiques allemands pour leur donner un éclat particulier. L'année dernière, les fêtes de Mannheim ont donné lieu à de splendides manifestations de foi et de patriotisme : rarement les manifestations ont été plus grandioses, les discours plus enflammés, les applaudissements plus enthousiastes. La première journée de l'assemblée générale a laissé dans les cœurs un impérissable souvenir. Un cortège de 25.000 ouvriers se développant dans les rues de la ville trop peu nombreuses et trop étroites pour la circonstance, quel réconfortant spectacle ! Pendant plus de trois heures, bannières flottant au vent, les insignes des cercles sur la poitrine, les uns avec le costume national ou professionnel, ces interminables files d'ouvriers, accourus de toutes les parties de l'Allemagne, ont affirmé avec un légitime orgueil et leur existence et leur inébranlable volonté de suivre, dans la revendication de leurs droits et de leurs libertés, les chefs intelligents et dévoués que Dieu leur a donnés. Quel encouragement pour les uns et les autres dans les heures de luttes et de combats !

L'avenir est là tout entier. C'est le peuple chrétien qui se lève, avec la conscience de sa force, pour prendre sa place d'honneur au soleil de la liberté. Ce peuple sent d'instinct qu'il peut avoir confiance ; il ne sera pas livré, sans merci, à de vils exploiteurs. Le clergé est allé au peuple, le peuple est allé à lui, et les deux, se rangeant sous la même bannière, sous la croix toujours victorieuse, marchent ensemble, invaincus et invincibles, pour devenir, aux jours de danger, le rempart de l'Église et de la patrie.

III

Les associations professionnelles

Une œuvre appelle l'autre pour la compléter et lui donner plus de relief. Kolping avait été le restaurateur du compagnonnage moderne. Il avait planté le long de la route une pierre milliaire et parcouru la première étape du mouvement social catholique. Les cercles catholiques d'ouvriers suivirent de près, et, nous venons de le voir, avec des succès extraordinaires. Les bataillons catholiques étaient en marche pour tenir tête aux bataillons socialistes. Mais déjà la lutte avait gagné en étendue et s'était portée sur un autre terrain, sur le terrain professionnel.

La législation avait, depuis près de 30 ans, ouvert des voies nouvelles, et créé, pour la protection de l'ouvrier, ce vaste système d'assurances, auquel, malgré certaines imperfections inhérentes à toute institution humaine, on ne peut refuser son admiration. Mais à mesure que le système était appliqué, à mesure que la machine était en branle, on découvrait ici et là des lacunes et des abus qu'il importait de faire disparaître.

Avait-on pris assez de précautions pour sauvegarder la santé de l'ouvrier et protéger sa vie ? Et ces maladies professionnelles, et ces nombreux accidents d'une si terrible conséquence pour l'existence du travailleur, ne fallait-il pas les enrayer, ou les prévenir? Les assurances contre la maladie et les accidents, les assurances contre la vieillesse et l'invalidité, ne sont-elles pas susceptibles, comme l'expérience le prouve chaque jour, de nombreux perfectionnements? Certains procès professionnels, d'un si douloureux retentissement, ne sont-ils pas une menace permanente pour le monde du travail? Dans le contrat de travail, l'ouvrier n'est-il pas trop souvent dans un cruel isolement, condamné à la lutte du pot de terre contre le pot de fer? Travailler à écarter ces abus parfois si criants, n'est-ce pas, comme le disait l'évêque Ketteler, le devoir de tout chrétien?

Quel vaste champ d'activité ouvert à l'initiative des œuvres catholiques! Il fallait se presser. Les socialistes s'étaient déjà mis à l'œuvre pour grouper, sur ce programme, l'immense armée des prolétaires. Ils avaient déjà créé, dans la plupart des provinces de l'empire, des associations professionnelles, livré plus d'une bataille, suscité plus d'une grève, formulé plus d'une revendication sociale. A les entendre, ils étaient les seuls défenseurs des intérêts professionnels, les seuls vraiment soucieux de la dignité et de l'avenir des travailleurs, et à force de les entendre, on finissait par le croire: plus d'un ouvrier catholique s'affligeait d'un état de choses si peu en rapport avec les aspirations de son âme.

La première en date des associations professionnelles chrétiennes est l'association des mineurs chrétiens d'Allemagne. Elle fut fondée en 1891 pour le district houiller de Dortmund. L'exemple fut bientôt suivi par les ouvriers des chemins de fer, les tuiliers, les ouvriers de l'industrie textile, les ouvriers dans le bois et dans le fer, les ouvriers occupés dans les manufactures de tabac. L'association des ouvriers des chemins de fer arriva en peu d'années, sous la conduite du sellier Pierre Molz, à 25.000 membres. En 1896, l'association des ouvriers des chemins de fer de la Bavière, sous la direction de Maurice Schmitt, monta de même à 25.000, et déploya surtout son activité pour la construction de maisons ouvrières.

Dès 1897, les cercles catholiques ouvriers de Cologne posèrent nettement la question. Dès l'année suivante, la réunion des délégués exprima sa manière de voir dans la résolution suivante : « La 4me assemblée des délégués des cercles catholiques ouvriers du diocèse de Cologne, siégeant à Essen, reconnaît comme absolument nécessaire la création de sections professionnelles de travailleurs, autant pour promouvoir les intérêts économiques des ouvriers que pour assurer la paix sociale entre les ouvriers et les patrons. La réunion adresse à tous les cercles ouvriers du diocèse un pressant appel, les priant d'insister auprès de leurs membres sur la nécessité, le but et les obligations des associations professionnelles, de les engager à entrer dans les associations existantes et de les former à l'action pratique de ces œuvres. »

Le terrain était préparé ; partout on vit se former des groupes plus ou moins importants. Aussi bien, dès 1899, on put tenir la première assemblée des délégués des associations professionnelles chrétiennes d'Allemagne. Elle eut lieu dans les jours de juillet à Mayence : 30 délégués de l'Allemagne du Nord et 18 délégués de l'Allemagne du Sud y assistaient. L'invitation au congrès portait comme programme : I. La question d'organisation. — II. La situation des ouvriers au point de vue politique, professionnel et social. — III. La question du salaire. — IV. Les grèves. — V. La réglementation et la limitation du temps de travail. — VI. Le travail des femmes. — VII. Mémoires à adresser aux assemblées législatives... concernant les questions politiques et sociales et les résolutions prises dans les réunions des délégués.

Au bout de trois jours de chaudes et fraternelles discussions, on vota à l'unanimité les points de repère suivants qui forment depuis le programme des associations professionnelles.

1. Caractère des associations.

Les associations professionnelles doivent être interconfessionnelles, c'est-à-dire admettre des membres des deux confessions chrétiennes, mais toujours sur la base du christianisme.

Les associations seront indifférentes, c'est-à-dire ne se rattacheront à aucun parti politique déterminé. La discussion des questions politiques ne sera pas admise ; on s'efforcera d'introduire les réformes légales en se maintenant sur le terrain constitutionnel.

2. *Étendue et organisation.*

On fondera autant que possible des associations professionnelles pour les membres de professions distinctes, dans un rayon limité. Ces associations formeront entre elles une fédération professionnelle, afin d'arriver plus aisément au but de l'œuvre.

Les associations se composeront de groupements locaux; ces groupements nommeront des délégués en proportion de leur nombre. Les délégués de tous les groupements locaux forment les assemblées générales, auxquelles appartient le choix du comité directeur.

3. *Obligations.*

C'est d'abord de promouvoir le bien-être matériel et spirituel des membres. Dans la discussion des questions professionnelles prendre une attitude conforme aux principes d'une économie nationale chrétienne, comme dans la question du salaire, des heures de travail.

A défaut d'une assurance légale pourvoyant suffisamment en cas de maladie, d'accident, de chômage, d'invalidité, suppléer à ce qui manque par la création de caisses et d'institutions correspondantes.

Les associations professionnelles considéreront comme une de leurs charges les plus importantes de veiller à l'observation des dispositions édictées par la loi ou la police en faveur de la moralité, de la santé et de la vie des ouvriers et d'assurer à leurs membres protection devant la loi. Elles s'efforceront aussi de promouvoir l'établissement d'institutions économiques pour le bien-être de l'ouvrier, de conseils d'usine et de tribunaux professionnels.

4. *Moyens pratiques.*

Ce sont des mémoires sur la situation des travailleurs dans les questions sociales et professionnelles, des conférences instructives sur les mêmes matières, des organes professionnels servis gratuitement aux membres.

Il est important de réunir dans les mémoires un matériel considérable de chiffres et de faits, pour les mettre à profit dans les négociations avec les patrons, dans les demandes et pétitions adressées aux chefs d'industrie, à l'inspection générale, aux différentes administrations, aux chambres de commerce, aux parlements.

Dans les conférences, on choisira de préférence les lois d'assurances et de protection ouvrière, les légitimes revendications sociales, la situation des diverses branches du travail et les efforts tentés dans ce sens dans les provinces voisines ou d'autres pays.

L'organe de l'association sera la personnification vivante de la vie, de l'activité, des aspirations de la corporation. La direction en sera confiée à un membre de la fédération rompu au métier et aidé par des collaborateurs bien documentés sur les questions économiques.

5. *La Tactique.*

Les ouvriers et les patrons ont des intérêts communs : il ne faut pas l'oublier. Les uns et les autres cherchent à retirer le plus de bénéfices du capital déposé dans la production : le patron pour son capital, l'ouvrier pour son travail. Sans l'un et l'autre pas de production. Aussi bien l'activité des associations professionnelles doit se produire dans un esprit de conciliation. Les revendications doivent être modérées, mais défendues avec une indomptable énergie.

La grève n'est permise qu'à la dernière extrémité et avec espoir de succès.

Le programme ainsi défini, on proposa et on adopta les propositions suivantes :

Le premier congrès des associations professionnelles choisit dans les groupements du Nord et du Sud un comité central avec les obligations : 1. Mise en pratique des résolutions. — 2. Agitation en faveur de nouvelles associations professionnelles. — 3. Défense des intérêts des associations syndiquées. — 4. Études statistiques sur le mouvement social, sur la situation économique des travailleurs, etc... — 5. Publication d'organes professionnels pour les fédérations qui n'en possèdent pas de propre.

Le congrès de Mayence, durant les trois jours de ses délibérations, avait fait œuvre utile et bonne. Il avait tracé la voie avec une remarquable précision. Cette voie fut élargie, en 1900, à Francfort, en 1901 à Crefeld, en 1902 à Munich, dans des congrès toujours plus pratiques et plus fréquentés : aussi le chiffre des membres des associations professionnelles augmenta d'année en année : il s'élevait, en 1900, à 152.000 ; en 1901, à 164.872 ; en 1902, à 185.079. Les revenus et les dépenses accusent les mêmes proportions. les revenus montent en 1900, à 320.000 francs ; en 1901, à près de 500.000, soit une augmentation de 180.000 francs en une année. Les dépenses en 1900 passaient 200.000 francs ; en 1901, plus de 260.000. On avait dépensé, en 1900, plus de 60.000 pour soutenir les grèves justes ; en 1901, près de 100.000 dans le même but.

Les associations professionnelles n'ont pas encore d'histoire, puisqu'elles sont nées d'hier, et cependant que de généreux efforts, que d'œuvres utiles déjà à leur actif. Elles disposent de seize organes professionnels tous rédigés par des ouvriers ; toutes assurent protection devant la loi à leurs membres ; un grand nombre possèdent des caisses de secours et d'autres institutions économiques.

Nous écrivions, il y a quelques années, dans une brochure sur les corporations, les lignes suivantes qui ont conservé toute leur actualité : « Notre étude est une pierre apportée à la reconstruction de l'édifice social, à la reconstitution de la famille ouvrière. Nous avons, le long de ces pages, plutôt exposé les faits, tels que l'observation nous les présente, qu'exprimé notre propre sentiment. Dans des questions d'une nature si délicate, il faut se défier d'affirmations trop personnelles, de solutions trop catégoriques. Nous avons porté notre regard en arrière, sur les cinquante dernières années, pour montrer l'artisan et l'ouvrier de fabrique associés dans un commun effort en faveur des corporations, et nous avons suivi les enseignements de Léon XIII sur la nécessité des associations professionnelles. Que les syndicats entre patrons, les syndicats mixtes entre patrons et ouvriers, se fondent partout dans les régions industrielles, avec les nuances nécessaires, et l'on verra bientôt patrons et ouvriers s'intéresser à des œuvres et à des institutions communes, prêts à défendre ensemble le même programme de paix sociale. La situation ne changera pas d'un jour à l'autre : les ruines amassées par un siècle de sordide égoïsme sont trop nombreuses pour qu'il suffise d'un jour pour les relever. Mais, au moins, on aura mis la main à l'œuvre ; on aura assis les fondements sur un terrain solide, et, à l'heure voulue par Dieu et par les hommes, la justice et la charité iront s'asseoir ensemble dans l'édifice social, reconstruit d'après le plan divin. »

Les associations professionnelles chrétiennes d'Allemagne n'ont pas d'autre ambition. Elles sont entrées résolument dans le mouvement, désireuses du bien, avec la conscience que l'organisation corporative est le seul remède contre la décomposition de la société, et la seule barrière à opposer à la tyrannie du capital. Elles ont à cœur de faire revivre « ces corporations d'arts et métiers, qui jadis informées de la pensée chrétienne et s'inspirant de la maternelle sollicitude de l'Église, pourvoyaient aux besoins matériels et religieux des ouvriers, leur facilitaient le travail, prenaient soin de leurs épargnes et de leurs économies, défendaient leurs droits, et appuyaient, dans la mesure voulue, leurs légitimes revendications. »

Or, quelle que soit, chez les hommes, la force des préjugés et des passions, si une volonté perverse n'a pas entièrement étouffé en eux le sens du juste et de l'honnête, il faudra bien que, tôt ou tard, la bienveillance publique se tourne vers ces ouvriers, qu'on aura vus actifs et modestes, mettant la justice avant le profit, et préférant à tout la religion du devoir.

IV

Associations des paysans.

On pourrait s'étonner à bon droit, si dans la belle couronne d'œuvres que nous présente l'Allemagne catholique, on ne trouverait pas une œuvre en faveur des paysans. En Allemagne, comme en France, comme partout ailleurs, les paysans, les hommes de la charrue restent les meilleurs soutiens de la patrie. Une politique saine et prudente devrait le comprendre et respecter le patrimoine des traditions des siècles passés. Hélas! l'histoire des cent dernières années montre avec une cruelle évidence que tout semble se conjurer pour rendre la motte de terre inféconde et improductive. L'Allemagne a suivi, sous ce rapport, les mêmes errements que la France; ici comme là, les paysans sont devenus la victime d'un vaste réseau de pernicieuses entraves, d'un système foncier contraire à la justice la plus élémentaire, d'une législation sans entrailles. Et cependant en Allemagne, comme en France, les campagnes entrent pour près de la moitié dans la population totale, et c'est toujours là que l'armée et l'industrie continuent à chercher les bras dont elles ont besoin.

En Allemagne, c'est la noblesse et le clergé qui, depuis près d'un demi-siècle, s'efforcent de rendre l'agriculture heureuse et prospère. Le fait mérite d'être noté. En Westphalie, le baron Schorlemer-Alst entend la reconnaissance publique l'appeler *le roi des paysans*. Dans les provinces rhénanes, le baron de Loë est l'homme populaire par excellence. Dans le pays de Trèves, l'abbé Dasbach devient la terreur des juifs et des usuriers. Dans la Hesse, le baron de Wambolt opère les mêmes merveilles avec le même succès. En Silésie, le sympathique baron de Huene, au milieu d'un peuple qui le vénère, met sa haute intelligence et son admirable génie d'organisation au service de la charrue et de la motte de terre. Tous commandent à des légions, également aimés et respectés par ces populations aux bras de fer, au cœur de bronze et d'airain.

En 1862, le baron Schorlemer-Alst fondait, à Steinfurt, une association de paysans pour la défense de leurs intérêts. Le gouvernement soupçonneux et méfiant ne voulut pas lui reconnaître les droits de la corporation. Deux années après, Schorlemer publia sur la situation de l'agriculture en Westphalie une brochure demeurée célèbre. L'effet en fut considérable : les paysans répondirent en masse à son appel pour former partout des associations sur le modèle de l'association de Steinfurt. Le 10 août 1871, le gouvernement, à l'apogée de sa gloire militaire, prit ombrage de ces paysans et déclara leurs associations des associations politiques, avec ordre aux conseillers provinciaux de les surveiller de près. Schorlemer, en habile politique, voulut parer le coup qui les menaçait toutes. Il prit les devants et proposa lui-même la dissolution. Le mot d'ordre fut observé au pied de la lettre : huit jours après tout était consommé, les anciennes associations avaient vécu.

Mais dès le 30 novembre de la même année il convoquait, à Munster, une grande assemblée de paysans. Plus de 2.000 accoururent, heureux et fiers de saluer dans leur chef, le chevalier sans peur et sans reproche, intrépide dans la revendication de leurs droits. Le jour même, l'association des paysans de la Westphalie était fondée avec des statuts nouveaux défiant la haine des uns et la malveillance des autres. Schorlemer avait frappé un coup de maître : le retentissement en fut considérable et, en définitive, la victoire lui resta fidèle. Il proclama fièrement devant toute l'Allemagne que les propriétaires terriers veulent se grouper dans une vaste association pour se soutenir et s'aider les uns les autres, et défendre avec leur indépendance et leur liberté la propriété du sol natal.

Rarement il a été donné à un homme de jouir d'une si grande popularité. Schorlemer avec les 20.000 paysans, *sujets féaux de son royaume*, était une puissance avec laquelle il fallait compter. Aussi bien il fut invité à s'asseoir dans le conseil des rois pour y plaider la cause des humbles et des petits, défendre les droits de l'Église persécutée et soutenir surtout les intérêts de ses paysans, de ses fils de prédilection.

L'association des paysans du Rhin fut fondée à Kempen le 8 novembre 1882. Le baron Félix de Loë en fut le promoteur. Félix de Loë est une des personnalités les plus marquantes de l'Allemagne catholique. Son nom est associé à toutes les œuvres religieuses, sociales et politiques des dernières années. L'association des paysans du Rhin reste cependant la grande œuvre de sa vie. Toujours plus aimé et plus estimé des paysans, il a toujours été réélu, avec des suffrages plus nombreux, président perpétuel de cette puissante organisation qui, avec ses 820 associations et ses 35.000 membres, a tant contribué au relèvement des populations rurales.

L'organisation dispose d'un journal, *Le paysan du Rhin*, tiré à 32.000 exemplaires, rédigé par des gens au sens pratique, hommes de conseil et d'initiative, n'ignorant aucune des inventions nouvelles, discutant, en connaissance de cause, les améliorations proposées pour rendre le sol plus productif et les récoltes plus rémunératrices. *Quatorze* commissions fonctionnent au sein de l'association pour mettre tout au point dans un domaine encore si peu exploré. Organisation de l'œuvre, direction du journal, questions de crédit, d'impôts et d'assurances, assurances contre la maladie et les accidents, élève du bétail, culture de la betterave à sucre, production des fruits et des légumes, protection devant la loi, tribunal d'arbitrage, c'est une véritable encyclopédie dans laquelle rien ne manque, où tout arrive en son temps et à sa place.

Rien d'étonnant si les paysans, formés à cette école, sont capables d'affronter le grand public, d'entrer dans les assemblées délibérantes pour y défendre leurs intérêts, demander les réformes nécessaires, se prononcer, avec une incontestable compétence, sur la question si compliquée des tarifs protecteurs, au nom de la saine raison et de l'expérience professionnelle.

L'association des paysans du pays de Trèves mérite une attention spéciale. Fondée en 1884 par le député Limbourg, elle comptait 12.000 membres en 1889. L'abbé Dasbach lui a imprimé un cachet d'une singulière originalité. Aux dispositions générales de l'association il fit ajouter la disposition suivante : « L'association s'engage à conduire par l'avocat désigné par le comité directeur tout procès d'un membre concernant achat de bétail et intérêts usuraires, si, après examen des actes, le comité est d'avis que le membre a été lésé dans ses biens. » L'abbé en formulant cette mesure remplissait un devoir social. Il avait fait de l'usure dans le pays de Trèves l'objet de ses études et était arrivé à des conclusions vraiment désespérantes.

Nulle part en Allemagne l'usure ne florissait autant qu'à Trèves. Il poussa le cri d'alarme dans une brochure retentissante, et, passant de la parole à l'action, il osa prendre une initiative qui de prime abord parut grosse de dangereuses conséquences. L'événement heureusement lui donna raison. Il fallut se taire devant l'évidence et, en présence des résultats obtenus, saluer cette curieuse innovation comme un immense bienfait social,

Le comité prit en main, durant l'année 1885, 102 procès ; durant 1886, 95 ; durant 1887, 176 ; durant 1888, 77 ; durant 1889, jusqu'au mois d'octobre, 82, soit un total de 532 procès. Sur ce nombre 90 furent gagnés, 33 perdus, 161 furent retirés après un compromis favorable au paysan, et pour 61 cas l'usurier n'osa pas soutenir la poursuite. On avait découvert certaines affaires dans lesquelles le juif s'assurait 60, 80, 100, 130 pour cent. L'abbé Dasbach avait frappé juste. La puissance du juif était brisée : le paysan secouait le joug sous lequel il avait gémi, soutenu, encouragé par un ami qui ne tremblait pas comme lui devant une assignation faite par voie d'huissier.

Cette œuvre, si bienfaisante et si sociale, eut son prolongement dans la création d'une banque agricole pour l'achat et le louage du bétail. C'était l'arrêt de mort définitif prononcé contre le juif et ses odieuses manipulations. Voici quelques chiffres montrant la portée de ces opérations : pour l'année 1885, 238 têtes de bétail avec 41.899 marks; pour l'année 1886, 399 avec 85.118 marks; pour l'année 1887, 611 avec 125.680 marks; pour l'année 1888, 699 avec 128.409 marks, et jusqu'à la fin de septembre 1889, 643 avec 126.318 ; soit en tout 2.590 têtes de bétail avec une valeur de près de 650.000 fr.

Mais ce n'est pas la seule opération de la banque. Elle entrave de plus l'action de l'usurier dans les enchères et les adjudications et assure le bétail dans des conditions exceptionnellement favorables, toujours désireuse d'aider de son argent et de ses conseils le paysan qui s'adresse à elle dans ses moments de peines et d'embarras. Dieu connaît le nombre de paysans sauvés ainsi d'une ruine certaine et creusant aujourd'hui, heureux et contents, le sillon pour la moisson qui sera à eux.

Nommons encore, pour être complet, les associations de paysans de la Hesse, de Nassau, de la Prusse, de la Silésie, du duché de Bade, travaillant d'après les mêmes principes et les mêmes résultats. Plus de 100.000 paysans sont ainsi groupés, conscients de leurs droits et de leurs devoirs, décidés à les faire valoir pour reconstituer le paisible domaine d'autrefois avec ses traditions d'honneur et de probité, avec ses chartes et ses coutumes familiales, avec ses vertus de terroir et cette race forte et robuste, l'espoir et l'avenir d'une nation.

N'est-ce pas là qu'il faut chercher la raison

de cet aveu arraché aux socialistes par la force de la vérité : « Croire encore, après les chiffres de la statistique de 1895, à la ruine prochaine du paysan, n'est plus possible. Les petits propriétaires ne diminuent ni pour leur nombre, ni pour l'importance de leurs biens : ils augmentent au contraire considérablement. Et si Kautsky estime toujours que le paysan est une force, à apprécier à sa valeur, j'ai moi la conviction que demain cette force pèsera encore plus lourd dans la balance. Qu'on ne se fasse pas illusion ! »

V

Association des commerçants.

L'association des commerçants a célébré, l'année dernière, ses noces d'argent, à Mayence, le berceau de l'œuvre. De la ville qui s'honore d'avoir eu pour évêque Mgr Ketteler, l'association se répandit sur toute l'Allemagne pour devenir une œuvre vraiment nationale. Elle compte aujourd'hui 132 associations groupant 14.000 membres. Ces chiffres seuls indiquent déjà suffisamment la grande portée sociale de cette institution. Le programme adopté et mis en pratique le démontre avec plus d'évidence encore.

Les commerçants catholiques d'Allemagne placent, en tête de leurs statuts, la pratique des devoirs religieux, l'affermissement de la foi chrétienne. L'observation du Décalogue reste toujours le fondement de la prospérité des familles comme des nations. La justice et la bonne foi en découlent comme de leur source. L'association considère comme un devoir de donner à ses membres des conférences religieuses sur les questions qui agitent le monde. Elle choisit avec une scrupuleuse attention les orateurs de ces réunions, désirant avant tout se renfermer dans la plus stricte orthodoxie.

Avec l'enseignement religieux marche de front l'enseignement professionnel. Ce sont des cours et des entretiens pratiques, des conférences marquées au coin de l'expérience, des rapports bien documentés. Les relations privées entre les membres ne contribuent pas peu à imprimer à l'œuvre tout entière un cachet particulier de fraternelle solidarité.

Ces associations sont devenues une nécessité de l'heure présente. Le commerce passe par une crise, comme l'industrie et l'agriculture. Il s'est opéré dans le commerce, en Allemagne comme en France, une véritable révolution. Ce que la grande industrie a fait contre le métier, les grandes maisons de commerce le font contre les magasins de nos bonnes familles d'autrefois. Une concurrence déloyale, un abaissement extraordinaire dans les prix, la concentration dans la même maison de tous les objets, pour en faire un véritable bazar ouvert à tous, une exposition et une mise en scène qui en imposent aux plus raisonnables, tout a été mis en branle pour ruiner le petit commerce. L'union de tous s'impose donc pour pouvoir affronter la lutte dans des conditions moins désespérantes.

L'union se recommande aussi pour appliquer avec fruit les nouvelles dispositions légales introduites dans le code commercial de 1897 et dans la nouvelle professionnelle de 1900 concernant les garçons et les filles de magasin. Aussi bien sur le programme figurent les plus importantes questions : le travail des femmes dans les magasins, l'impôt sur les grandes maisons de commerce, la création de tribunaux d'arbitrage, le repos du dimanche, la formation des apprentis.

Sur cette question surtout l'association des commerçants a des idées très arrêtées. Elle demande des écoles professionnelles obligatoires pour les apprentis, elle exige des certificats d'aptitude et impose des examens professionnels. Elle songe à adresser au conseil fédéral et au parlement une pétition animée de cet esprit. Elle espère obtenir raison dans un avenir prochain.

L'association possède des caisses contre la maladie et la mort organisées sur une vaste échelle. La gradation des secours est admirablement comprise, aussi bien ces caisses sont devenues en peu d'années une source de bienfaits pour un grand nombre de familles. Rien ne manque donc à l'organisation : chaque réunion générale marque une étape nouvelle dans l'œuvre, une étape nouvelle dans la voie du progrès social, de la science professionnelle et de l'intelligence des besoins du moment.

VI

Association populaire. Volksverein.

Au milieu de cette splendide renaissance religieuse et sociale, l'âme se replie sur elle-même, pleine d'une pieuse admiration, et presque à son insu, elle se demande : n'y a-t-il pas dans ce merveilleux groupement d'hommes et d'œuvres un ressort caché, un moteur secret, doué d'une remarquable puissance ? Cette question s'impose et demande une réponse de nature à satisfaire notre légitime curiosité. Oui, il y a dans cet admirable organisme un ressort caché, un moteur secret, usant ses forces sans les affaiblir, agissant toujours sans rien perdre de sa fécondité.

Cette année même, les catholiques allemands vont célébrer, à Cologne, les noces d'or de leurs assemblées générales. C'est dans ces assemblées qu'il faut chercher tout d'abord la raison de ce vaste mouvement qui, depuis un demi-siècle, excite l'admiration du monde entier. Nos adversaires pensaient pouvoir faire le silence autour de ces manifestations de foi catholique, ce fut en vain : le retentissement en était trop considérable ; quand le flot populaire passait, il brisait toutes les résistances, entraînant dans son courant ceux mêmes qui voulaient rester en dehors. Comme le disait Liebknecht, le chef autorisé du socialisme, à l'un de nos amis : « Votre Église catholique est une puissance invincible parce qu'elle est une puissance sociale, et tant qu'elle restera puissance sociale elle sera *invaincue.* »

Qu'on consulte le programme de ces assemblées générales, qu'on relise les comptes rendus de ces assises populaires, pas une question du jour qui n'ait été traitée, pas une injustice qui n'ait été flétrie, pas une revendication nécessaire qui n'ait été formulée, pas une réforme sérieuse qui n'ait été proposée. L'histoire de l'Allemagne catholique se trouve là avec ses luttes, ses persécutions, ses douleurs et ses tristesses, mais aussi avec ses joies, ses espérances et ses triomphes. Chaque assemblée générale marquait une nouvelle étape dans cette marche de plus en plus triomphale d'un peuple sûr de lui-même et de ses chefs, d'un peuple désireux de faire triompher son Christ, son Église et sa foi.

Qu'on remonte aux premières années du siècle dernier pour se rendre compte de la situation des catholiques en Allemagne. Otto Meyer écrivait en toutes lettres : « Le protestantisme n'a jamais hésité un moment : s'il doit avoir quelque rapport avec le catholicisme, cela ne peut être qu'avec la dépendance absolue de ce dernier. »

Dépouillée de ses biens, réduite à la mendicité, traitée de suspecte, persécutée au nom de la raison d'État, condamnée pour la défense de ses droits et de ses libertés, l'Église avait vu l'archevêque de Cologne emprisonné à la suite d'un conflit resté célèbre. Signes avant-coureurs de la révolution de 1848 ; signes avant-coureurs aussi d'un triomphe prochain ! Les gouvernements de la bourgeoisie voltairienne, en Allemagne comme en France, s'écroulèrent comme des châteaux de cartes, et quand l'ouragan eut passé, un souffle de liberté se leva sur la terre évangélisée par Boniface. Au milieu de la tourmente les catholiques avaient fait bonne contenance. Le premier cri de ralliement se fit entendre. Il sortit de Mayence, du berceau de la foi catholique, de la bouche du chanoine Lennig. Les évêques y répondirent et, dans la réunion de Würzbourg, ils dressèrent en commun le programme des revendications catholiques. La semence était jetée, et, confiée à un terrain bien préparé, elle ne tarda pas à lever, pleine de promesses pour l'avenir. Catholiques, organisez-vous, groupez-vous, Dieu le veut, criaient à l'Allemagne Lennig et Riffel. Le *Piusverein* était créé. Le nom seul était un programme. Ce programme vivement combattu porta bonheur. Le branle était donné ; les cercles se multiplient, l'enthousiasme monte, le succès s'affirme. Une réunion générale des catholiques allemands semble possible. Elle a lieu à Mayence, en octobre 1848, sur l'invitation de Lennig : 1.367 cartes d'entrée sont distribuées. Le parti catholique affirmait publiquement son inébranlable volonté de vivre conformément à ses croyances et à ses aspirations : il voulait être quelqu'un et quelque chose.

Dieu bénit ce réveil d'un peuple : il lui envoya les hommes de son choix. Quelle pléïade d'hommes illustres sortis de là : Lennig, Moufang, Lingens d'Aix-la-Chapelle, Buss de Fribourg, Ketteler, les deux Reichensperger, Mallinkrodt, Windhhorst, Lieber, d'Andlau, Schorlemer, pour ne citer que les plus vaillants. Les vétérans disparus, de plus jeunes les remplacent, et le long de ces cinquante assemblées générales, ce sont les mêmes protestations, les mêmes affirmations, les mêmes revendications. L'Allemagne catholique se trouve sous les armes, et quand le chancelier de fer, Bismarck, étend sa main pour écraser l'Eglise, alors commence une lutte, l'une des plus belles et des plus glorieuses de l'histoire. Bismarck succombe vaincu par l'indomptable énergie de ce peuple formé à la lutte par trente années de glorieux combats.

La France catholique passe en ce moment par les mêmes vicissitudes : on s'attaque à sa foi, au nom des mêmes raisons et des mêmes colères. Le système de persécution, combiné par Bismarck, l'ennemi de la France, est servilement copié par ceux qui siégent en maîtres au palais Bourbon. Des chefs catholiques ont sonné l'alarme pour le combat. Comment se fait-il que le peuple reste sourd à cet appel, pourquoi ne vient-il pas se ranger sous la bannière du Christ et courir sus à l'ennemi? Nous posons la question sans oser y répondre!

Nous continuons notre exposé. C'est une leçon de choses, d'où il est facile de tirer les conclusions. Les conducteurs du peuple, en Allemagne, comprirent bientôt que ces manœuvres d'automne, comme on a spirituellement appelé les assemblées générales des catholiques, ces brillantes parades des forces militantes, demandaient plus d'ampleur, plus d'extension. Les œuvres les plus solides et les mieux organisées, pour se maintenir grandes et fécondes, ne peuvent rester circonscrites dans le même programme, incarnées dans les mêmes hommes; elles doivent tenir compte des situations nouvelles, prévoir l'avenir, prendre les devants, au risque de dégénérer et de tomber sous la poussée d'œuvres plus conformes à l'esprit du jour.

Ce sera l'éternelle gloire de Windthorst de l'avoir compris. Un ennemi nouveau était descendu dans l'arène et dès la première heure, on pouvait pressentir que les batailles de demain mettraient en présence les socialistes et les catholiques, les uns fortement disciplinés, ardents dans la lutte, pleins d'espoir pour le succès final; les autres, admirablement organisés, confiants dans leurs chefs, pénétrés de cette foi, qui assure la victoire et le triomphe à ses fidèles.

C'était en 1890: le noble vétéran des luttes parlementaires, l'incomparable vengeur des droits et des libertés sacrifiés, était presque mourant, cloué sur un lit de douleur. Tout à coup il se lève, et malgré les défenses de ses médecins, malgré les supplications de sa famille, il vole au Rhin pour créer l'association populaire, le *Volksverein*. Au congrès de Halle, le socialisme avait déclaré ouvertement la guerre à l'Église. Windthorst relève le gant et, dans un chaleureux appel, il convoque le peuple « pour la lutte contre les erreurs sociales et les menées révolutionnaires, pour la défense et la reconstitution de l'ordre social chrétien ».

Les socialistes avaient admirablement choisi leur moment. Qu'était devenu le peuple auquel, depuis un siècle, on avait promis *la liberté, l'égalité, la fraternité*. Quelle sanglante ironie dans ces mots ! *Liberté !* oui, mais rivée à la machine avec des chaînes plus pesantes que les chaînes de l'esclavage. *Égalité !* oui, mais avec des classes sociales séparées par des abîmes d'injustices et d'iniquités sociales. *Fraternité !* oui, mais avec des riches étouffant dans l'opulence, et des pauvres se consumant dans la misère noire. Aussi bien, ces millions de prolétaires devaient répondre en masses compactes, à ces paroles : « Prolétaires du monde, unissez-vous dans une vaste association ; debout pour la lutte pour l'existence. » Et ils se sont levés pour former cette puissance formidable qui, au jour des scrutins publics, fait trembler l'édifice social jusque dans ses fondements. Ouvriers de l'usine, travailleurs de l'atelier, hommes de la charrue, ils sont allés à ceux qui leur promettaient de les arracher aux mains des sans entrailles, qui, en échange de leur sang et de leurs sueurs, leur donnaient à peine de quoi ne pas mourir de faim.

Pour arrêter cette marée de plus en plus menaçante, il ne suffisait pas de faire des promesses ou de formuler des programmes. Il fallait paraître au grand jour avec une série de réformes vraiment populaires, avec un ensemble de lois et d'institutions assurant un commencement de bien-être à ces pauvres, à ces petits, livrés sans pitié au laisser-faire et au laisser-passer. Mais cette colossale entreprise ne pouvait être l'œuvre de quelques-uns; elle semblait même au-dessus des forces de cet admirable parti du Centre, aujourd'hui comme hier, la citadelle imprenable de la foi catholique. Windthorst voulait s'adresser à toutes les classes, à toutes les conditions, à toutes les influences, aux riches, aux pauvres, aux gens de lettres, aux hommes de la charrue, aux ouvriers de l'usine, aux compagnons du métier, pour instruire, grouper, organiser, agiter, créer un vaste mouvement de vie et d'activité catholiques. Il eut la joie de voir sa pensée comprise, sa dernière ambition réalisée.

Dès les premiers mois de 1891, quelques jours avant sa mort, 100.000 catholiques sont rangés sous la bannière du *Volksverein*. Comme Siméon, il pouvait s'écrier : « Je peux donc mourir en paix, Dieu a porté un regard de complaisance sur ce peuple, pour lequel j'ai soutenu de si rudes combats. » Et il entra dans le lieu du repos et de la lumière, après avoir plongé son regard de voyant dans cet avenir moins sombre, et moins désespérant.

Douze années se sont écoulées depuis : l'exposé des œuvres créées durant ce temps relativement si court, ressemble à un splendide bulletin de victoire, mais à un bulletin où il n'y a ni exagération pour l'heure présente, ni surprise pour le lendemain.

Le *Volksverein* compte aujourd'hui plus de 210.000 membres, sur lesquels les provinces rhénanes figurent pour 68.336 et la Westphalie pour 35.973. Les six derniers mois ont apporté 24.000 adhésions nouvelles. Ces succès sont dus à la merveilleuse organisation de l'œuvre.

A la base de l'édifice, se trouve l'institution des *hommes de confiance*. Ils obéissent à un chef local qui reste en communion d'idées et d'action avec un chef cantonal. Les uns et les autres sont reliés à vingt représentants diocésains en contact permanent avec le *Secrétariat général et le Comité directeur*.

C'est la troupe d'élite toujours en campagne pour souffler l'enthousiasme, entretenir la sainte ardeur, amener de nouvelles recrues, propager par milliers les brochures et les feuilles volantes, préparer les réunions publiques. Des milliers de réunions ont été tenues depuis la fondation de l'œuvre. Durant l'année dernière, 1.300 ont été consignées au bureau central. Là dans ces assemblées vraiment populaires, pas de stériles discussions sur des théories plus ou moins fondées, pas de vagues conférences sur « les devoirs des catholiques dans les temps modernes », mais des choses pratiques, locales, intéressant la vie de l'ouvrier. La parole est toujours chaude et vivante, enveloppant les âmes pour y porter la lumière qui éclaire, la foi qui relève, l'espérance qui console, le courage qui fait agir. Le travailleur est instruit et réconforté ; il rentre dans sa famille et dans son atelier décidé à mettre au service du bien toutes les énergies de son âme.

L'écho de ces assemblées se prolonge dans la presse. Le feu sacré veut être entretenu. Le socialisme n'agit pas autrement. Il dispose de près de 150 journaux bien faits, populaires, bon marché, il répand par millions dans les masses des feuilles volantes écrites avec passion, pleines de fiel ; il a ses imprimeries, ses bureaux de renseignements, ses agences de propagande. Sous bien des rapports, cette organisation est un chef-d'œuvre marqué au coin de l'expérience et de la connaissance du cœur et des aspirations de l'ouvrier.

La presse du Centre, *la presse des abbés,* a soutenu le combat. Le clergé, le petit clergé, a noblement compris et accompli son devoir. Aujourd'hui, il n'est plus seul à soutenir la lutte. Le *Volksverein* est entré en lice avec des troupes considérables et des réservés non moins nombreuses. Il a d'abord fondé un comité de presse, une correspondance sociale et apologétique, pour envoyer chaque semaine gratuitement à 350 journaux deux articles de politique sociale. Il a créé une revue pour les 210.000 membres de l'œuvre, paraissant huit fois par an, au prix de 1 fr. 25. Elle est rédigée par des hommes du métier, au courant de la situation, pensant juste et écrivant de même. Une revue spéciale est adressée aux présidents des cercles. De temps en temps paraissent des brochures spéciales distribuées gratuitement, ou vendues pour deux centimes. Une de ces brochures a eu un tirage de 280.000. La feuille volante joue cependant le rôle le plus important. En 1893, on a distribué, en l'espace de quinze jours, un million et demi de ces feuilles ; l'année suivante, un million, et en 1897, près de deux millions. Jusqu'aujourd'hui, il a été publié 24 de ces feuilles volantes avec des titres variés. « Qu'a fait le Centre pour l'ouvrier,... pour le paysan,... pour le métier,... pour le petit commerce,... pour le tarif agraire ? » L'ouvrier qui les lit a toujours la réponse sous la main : aux mensonges et aux calomnies du socialisme, il oppose des faits, des chiffres, avec une victorieuse évidence.

La somme totale des imprimés répandus par le *Volksverein* depuis sa fondation, s'élève à plus de 35 millions. Voici le bilan pour l'année dernière : Correspondance sociale : 46.000 numéros. Revue de l'œuvre, *Volksverein* : 2.600.000. Feuilles volantes : 3.250.000. Revue des questions sociales du jour : 27.460 fascicules. Correspondance des présidents : 19.000. Livres sur questions sociales : 13.000 exemplaires. Propagande du *Volksverein* : 306.000. Livres prêtés : 5.425.

On comprend à la lecture de ces chiffres pourquoi le socialisme est impuissant à entamer le Centre.

Le peuple comprend de mieux en mieux ses intérêts ; il est allé en masse à ses véritables défenseurs, heureux d'entrer dans une association qui prévoit tout, qui ne laisse rien à l'imprévu, qui veut avant tout rester une œuvre populaire.

N'est-ce pas là le but que se propose le *Secrétariat du peuple* avec ses trente ramifications ? Grâce à lui, presque chaque année plus de 75.000 francs sont restitués aux ouvriers, plus de 150.000 consultations sont données gratuitement sur toutes les difficultés qui peuvent se produire dans l'application des assurances ouvrières, dans le paiement des impôts, dans les questions du service militaire et de l'école.

Le *Secrétariat du peuple* porte le plus grand intérêt aux associations professionnelles. Il embrasse dans sa sollicitude l'agriculture, l'industrie, le métier et le commerce, ami fidèle et dévoué de tous, conseiller sage et prudent pour toutes les occasions. A l'occasion de la discussion des nouveaux tarifs, il a fait distribuer à 1.100.000 exemplaires une feuille volante : « Comment le socialisme combat les droits protecteurs de l'agriculture. » Il a jeté dans le public 1.480.000 exemplaires d'articles, de feuilles volantes, de brochures, concernant la protection des associations professionnelles. L'industrie et le commerce n'ont pas été moins favorisés.

Depuis quelques années, le Secrétariat appelle à M. Gladbach des ouvriers intelligents pour leur donner, pendant trois mois, des cours de sociologie et d'apologétique. Le cours de l'année dernière a été fréquenté par 28 ouvriers. Quelle somme de travail fournie par ces infatigables pionniers du Secrétariat ! Et dire que leur activité s'étend encore plus loin pour diriger un bureau de renseignements d'ordre social, un autre d'ordre apologétique, et une bibliothèque sociale et apologétique. Pendant le dernier exercice, 5.425 livres ont été expédiés franco avec les renseignements écrits pour en faire un bon usage.

Parmi les créations du *Volksverein* qui en compte de si nombreuses et de si belles, l'*Université populaire* demande une mention spéciale. C'est une œuvre originale, un chef-d'œuvre de conception et d'organisation. La fondation remonte à 1892 et est due à l'initiative de l'abbé Hitze et du fabricant Brands de M. Gladbach. Elle fut inaugurée à Gladbach sous le nom de *Cours social pratique*.

Comme les Universités volantes du moyen

âge, l'*Université populaire* transporte chaque année ses chaires dans une autre province pour y ouvrir, pendant une dizaine de jours, une série de leçons du plus haut intérêt. Le nombre des auditeurs oscille entre 800 et 1.700 suivant l'importance des villes choisies et l'activité intelligente du comité directeur.

Rien de plus varié que le programme, rien de plus intéressant que la manière de l'exécuter. Le programme embrasse le vaste réseau des questions sociales et ouvrières, dans le cadre et l'esprit de l'œuvre ; tout ce qui intéresse la vie professionnelle de l'ouvrier, du commerçant, du paysan, est exposé dans des conférences nourries de faits et d'observations, dans des entretiens où l'utile se mêle à l'agréable, dans des rapports se résumant dans des propositions et des résolutions pratiques. Le passé, le présent, l'avenir, apparaît tour à tour sous les couleurs les plus variées : le passé, pour montrer ce qui a été fait sur le terrain des revendications ouvrières ; le présent, pour en marquer les bienfaits et pour les étendre par les réformes désirables ; l'avenir, pour tracer à chacun la ligne de conduite à tenir.

Les hommes les plus dévoués, les plus intelligents, les plus pratiques, sont choisis pour traiter ces questions et remplir ce programme. Ce sont les professeurs de l'*Université populaire*. Professeurs de circonstance, improvisés pour le besoin de la cause, pris dans toutes les classes et dans toutes les conditions : légistes, avocats, médecins, commerçants, industriels, ouvriers de l'usine, hommes de la charrue. Leur enseignement dure peu ; ils occupent la chaire pendant quelques moments et en redescendent pour se confondre dans la foule des auditeurs. Ce n'est pas un exposé scientifique, un cours d'apparat, une leçon savamment préparée, une conférence à effet, non, mais un entretien familier, une discussion amicale, un échange de vues et d'observations sociales.

Chacun apporte à l'œuvre commune le trésor de ses observations et de ses expériences personnelles ; c'est une leçon de choses vécues, une mise en commun de toutes les richesses sociales amassées durant une vie d'incessants labeurs. On travaille du matin jusqu'au soir, une semaine tout entière, et quand le soir est venu, on se repose ensemble dans de grandes réunions qui se prolongent bien avant dans la nuit, véritables réunions de famille, dans lesquelles règnent toujours une affectueuse estime, une cordiale franchise et un esprit de bon aloi. On se retrempe dans ces agapes fraternelles, l'âme s'y épanouit, et, quand le dernier jour est arrivé, on se quitte à regret avec l'espoir de se revoir l'année suivante. Il se dégage ainsi de cette œuvre si populaire comme un suave parfum : c'est la charité avec ces délicates attentions que le Christ aimait à mettre dans ses dons.

Quelques conclusions générales se dégagent tout naturellement de cet exposé. Ces conclusions peuvent être considérées comme des axiomes de science sociale.

Une organisation sociale conforme aux nécessités du temps s'impose en tous lieux. Cette organisation doit, avant tout, avoir en vue une puissante et féconde activité sur le terrain social. Le *Volksverein* tient compte de ce double élément avec une rare intelligence des conditions actuelles de la société et un admirable sens pratique dans le choix des moyens.

A tous les degrés de l'échelle sociale, à la ville comme à la campagne, à l'usine, comme à l'atelier, le peuple a faim et soif de justice et de vérité. Il ira là où il espère trouver l'un et l'autre. Le *Volksverein* a ouvert une source intarissable de bien-être et de vie sociale. Le peuple est allé à lui avec une confiance qui ne s'est jamais démentie. Sur tous les points de la patrie allemande, où le *Volksverein* se montre dans l'épanouissement de ses œuvres et de ses institutions, les résultats suivent les efforts de bien près, et presque toujours les succès dépassent les espérances.

Les catholiques, à moins de méconnaître leurs devoirs et de compromettre leurs intérêts, ne peuvent se traîner à la remorque des autres partis. Ils doivent prendre les généreuses initiatives, se placer à la tête du mouvement, réaliser le *præesse* de l'Apôtre.

Le *Volksverein* est entré dans cette voie. Un fait est désormais certain : le socialisme avance là où il y a absence d'organisation et manque de travail en faveur des ouvriers ; il recule au contraire là où les institutions économiques prennent contact avec les classes laborieuses.

CONCLUSION

Nous le disions au début de ce travail nous ne défendons pas de système, nous n'exposons pas de doctrine. Nous racontons des faits, priant nos lecteurs de les étudier, de les comparer, de les reproduire dans les conditions et le milieu où la Providence les a placés. Mais n'avons-nous pas fourni la brillante démonstration que l'Église catholique pousse à l'action, multiplie les initiatives individuelles, encourage et sollicite les efforts personnels. Les pages qui précèdent ne montrent-elles pas dans une lumineuse évidence qu'il existe, à l'heure présente, dans le sein du catholicisme un mouvement extraordinaire des esprits et des œuvres ? L'initiative particulière n'est-elle pas sans cesse agissante dans cette Église si fortement disciplinée ?

« Oui, disait le cardinal Langénieux au congrès de Liège, en 1887, l'Église est bien la société des fidèles sous le gouvernement des pasteurs légitimes ; mais vous, les laïques, vous en êtes l'élément essentiel et nécessaire : les pasteurs ne sont que pour vous et à cause de vous. » Aussi bien il y a, en ce moment, dans l'Église un flux et un reflux d'idées et de désirs entre le pape et les fidèles, entre les fidèles et le pape, entre l'évêque et le prêtre, entre le prêtre et l'évêque, et le pape possède sur la société chrétienne une influence si incontestée, qu'il peut se soumettre lui-même à l'influence de la société chrétienne, ce qui ne s'était vu depuis longtemps.

Puisse la France catholique le comprendre et reconquérir bientôt la place que Léon XIII veut lui conserver malgré les errements et les injustices qui, depuis plusieurs années, affligent si douloureusement sa grande âme.

TABLE DES MATIÈRES

517-03. — Imprimerie des Orphelins-Apprentis. F. Blétit. 40, rue La Fontaine, Paris-Auteuil.

— **L'Apologétique historique au XIXe siècle. La Critiqu irréligieuse de Renan, etc.**, par l'abbé CH. DENIS. 1 vol

— **Nature et Histoire de la liberté de conscience**, par l'abb CANET. 1 vol

— **L'Animal raisonnable et l'Animal tout court**, par C. de KIRWAN. 1 vol

— **La Conception catholique de l'Enfer**, par l'abbé BRÉMOND. 1 vol

— **L'Attitude du catholique devant la Science**, par G. FON SEGRIVE. 1 vol

— *Du même auteur* : **Le Catholicisme et la Religion de l'Esprit.** 1 vol

— **Du Doute à la Foi**, par le R. P. TOURNEBIZE, S. J. 1 vol

— *Du même auteur* : **Opinions du jour sur les peines d'outre tombe.** 1 vol

— **La Synagogue moderne, sa doctrine et son culte**, par A. [illegible] SAUBIN. 1 vol

— *Du même auteur* : **Le Talmud et la Synagogue moderne.** 1 vol

— **Evolution et Immutabilité de la doctrine religieuse dan l'Eglise**, par M. PRUNIER, supérieur de grand séminaire. 1 vol

— **La Religion spirite, son dogme, sa morale et ses pratiques**, pa I. BERTRAND. 1 vol

— *Du même auteur* : **L'Occultisme ancien et moderne.** 1 vol

— **L'Hypnotisme franc et l'Hypnotisme vrai**, par le Docteu HÉLOT. 1 vol

— **L'Eglise et le Travail manuel**, par l'abbé SABATIER. 1 vol

— **Unité de l'espèce humaine**, *prouvée par la similarité des con ceptions et des créations de l'homme*, p. le marquis de NADAILLAC. 1 vo

— *Du même auteur* : **L'Homme et le Singe.** 2 vol

— **Le Socialisme contemporain et la Propriété**, par M. G ARDANT. 1 vol

— **Pourquoi le Roman à la mode est-il immoral et pourquo le Roman moral n'est-il pas à la mode ?** p. G. d'AZAMBUJA. 1 vo

— **Comment se sont formés les Evangiles ?** par le P. Th. CALME professeur au grand séminaire de Rouen. 1 vo

— **L'Impôt et les Théologiens**, *Etude philosophique, morale e économique*, par le comte de VORGES, ancien ministre plénipotentiair membre de l'Académie de Saint-Thomas, etc., etc. 1 vo

— *Du même auteur* : **Les Ressorts de la Volonté et le libr arbitre.** 1 vo

— **Nécessité mathématique de l'existence de Dieu.** *Expli cations. — Opinions, Démonstrations*, par René de CLÉRÉ. 1 vo

— **Saint Thomas et la Question juive**, par Simon DEPLOIGE, pro fesseur de l'Université Catholique de Louvain. 1 vo

— **Premiers principes de Sociologie Catholique**, par l'abb NAUDET. 1 vo

— **La Patrie.** — *Aperçu philosophique et historique*, par J. M. VILL FRANCHE. 1 vo

— **Le Déluge de Noé et les races Prédiluviennes**, par C. d KIRWAN. 2 vo

— **La Saint-Barthélemy**, par Henri HELLO. 1 vo

— **L'Esprit et la Chair.** *Philosophie des macérations*, par Henr LASSERRE, auteur de *Notre-Dame de Lourdes*, etc., etc. 1 vo

— Le Levier d'Archimède ou la Mécanique céleste et le Céleste mécanicien, par le R. P. Ortolan. 2 vol.

— Ce que le Christianisme a fait pour la femme, par G. d'Azambuja. 1 vol.

— L'Hypnotisme et la Stigmatisation, par le Dr Imbert-Gourbeyre. 1 vol.

— L'Education chrétienne de la Démocratie, *essai d'apologétique sociale*, par Ch. Calippe. 1 vol.

— La Religion catholique peut-elle être une science? par l'abbé G. Frémont. 1 vol.

— *Du même auteur :* Que l'Orgueil de l'Esprit est le grand écueil de la Foi, *Théodore Jouffroy, Lamennais, Ernest Renan.* 1 vol.

— La Révélation devant la Raison, par F. Verdier, supérieur de Grand Séminaire. 1 vol.

— Confréries musulmanes. — *Histoire, Discipline, Hiérarchie*, par le R. P. Petit. 1 vol.

— Pratique de la Liberté de conscience dans nos Sociétés contemporaines, par l'abbé Canet. 1 vol.

— Comment peut finir l'Univers, d'après la science, par C. de Kirwan. 1 vol.

— Les Théories modernes de la Criminalité, par le Docteur Delassus. 1 vol

— Faillite du Matérialisme, par Pierre Courbet, 3 vol. *se vendant séparément :*

I. — *Historique.* 1 vol.
II. — *Discussion ; l'atome et le mouvement.* 1 vol.
III. — *Discussion ; l'éther, les gaz, l'attraction. Conclusion. — Appendice.* 1 vol.

— Le Globe terrestre, par A. de Lapparent, Membre de l'Institut, professeur à l'Ecole libre des Hautes Etudes. 3 vol. *se vendant séparément.*

I. — *La Formation de l'écorce terrestre.* 1 vol.
II. — *La nature des mouvements de l'écorce terrestre.* 1 vol.
III. — *La Destinée de la terre ferme et la Durée des temps.* 1 vol.

— De la Connaissance du Beau, *sa définition, application de cette définition aux beautés de la nature*, par l'abbé Gaborit, archiprêtre de la Cathédrale de Nantes. 1 vol.

— Le Diable dans l'Hypnotisme, par le docteur Ch. Hélot. 1 vol.

— De la Prospérité comparée des nations protestantes et des nations catholiques, *au point de vue économique, moral, social*, par le R. P. Flamérion, S. J. 1 vol.

— L'Art et la Morale, par le P. Sertillanges, dominicain, docteur en théologie. 1 vol.

— La Sorcellerie, par J. Bertrand. 1 vol.

— Qu'est ce que l'Ecriture sainte? *Les Livres inspirés dans l'antiquité chrétienne : Théorie de l'inspiration*, p. le P. Th. Calmes. 1 vol.

— Les Morts reviennent-ils? par J. Bertrand. 1 vol.

(*Demander la liste* complète *des volumes* Science et Religion, *parus à ce jour*).

Imp des Orph.-Appr. d'Auteuil, F. Blétit, 40, rue La Fontaine, Paris.

www.ingramcontent.com/pod-product-compliance
Ingram Content Group UK Ltd.
Pitfield, Milton Keynes, MK11 3LW, UK
UKHW020328220726
13923UKWH00003B/1443

9 782019 691783